Menos es más. Siempre.

minimalista

la vida con menos cosas

Por Morelos Barros

www.chocobuda.com

ISBN 978-0-557-73759-8 (versión impresa)

ISBN 978-0-557-73869-4 (versión electrónica)

minimalista

la vida con menos cosas

Morelos Barros
Choco Buda

Para Cocol, China y Mariana,
la mejor familia del universo.

Para Sandy, mi puerto,
mi refugio y fuerza

Para el Jedi Reduxx, por las risas

Índice

Introducción

Si me preguntaran qué palabra define el mundo que me rodea, a ciegas diría: saturación.

Estamos expuestos a una mega saturación de datos y todos compiten por entrar en nuestro cerebro y quedarse; y así generar una necesidad de comprar, de poseer.

Hay ruido en la calle, toneladas de anuncios, música, voces y en ningún momento nuestra mente puede estar quieta. Esto es nuestro estilo de vida y es tan abrumante que es casi imposible pensar que es bueno estar solos de vez en cuando.

Nos aferramos a lo que poseemos (personas, objetos, ideas) y nos dan valor por lo que portamos, obtenemos, conducimos y producimos.

Nos aferramos a nuestro consumo de información, que ahora más que nunca, se está empezando a convertir en un obstáculo intelectual. El celular, RSS, Twitter y Facebook consumen todo nuestro poder de procesamiento cerebral.

Somos objetos en un sistema infinito de producción y de consumo.

Pero este consumo nos carcome y, antes de que nos demos cuenta, se nos acaban los nervios, sufrimos cansancio crónico y vivimos tan sólo para el fin de semana.

Es la historia de mi vida y creo que de muchos.

Hace muchos años me di cuenta de esto y, aunado a mi inclinación por lo asiático, descubrí el budismo y poco a poco, luego de mucho estudio y práctica, concluí que el camino de en medio es el que me funciona. Repara mi mente y me da calma por que está basada en lo sencillo de la vida.

Así que decidí escribir mi experiencia personal en un blog llamado Choco Buda, en que hablo sobre budismo como filosofía, no como religión. Estoy a favor de la sencillez y me enfoco a hacer la vida mucho más ligera.

¿Porqué Choco Buda?

Hace tiempo, cuando tenía tiempo de acudir al Centro Budista de la Ciudad de México, me compré un *rupa* (estatua del Buda) que estaba terminada en pinceladas cafés, como simulando madera rústica. Pero en lugar de madera parecía de chocolate.

Así que al buscar un nombre para el blog, decidí irme por un chiste local y amable.

A lo largo de dos años he escrito muchos artículos en el blog, que van desde el gozo que dan las cosas sencillas de la vida, hasta lo inexplorado de la religión y la espiritualidad.

Este libro es una compilación de pensamientos, consejos y artículos sobre la vida simple, sobre el pensamiento minimalista. Son mis puntos de vista sobre la vida, lo que me funciona y lo que me hace feliz.

Está escrito de manera breve, amena y ligera, como para leerse por la tarde con una taza de té.

Esta publicación cristaliza mis sueños como creativo y comunicador.

Bienvenido a **Minimalista, la vida con menos cosas**. Espero que te sea de tanta utilidad, como lo ha sido para mi.

Morelos Barros
www.chocobuda.com
Guadalajara, Jalisco
Octubre 2010

Dos reglas para llevar una vida minimalista

Uno de los propósitos más nobles de la vida es tratar de estar tranquilo y en paz. Todo mundo puede soñar con levantarse una mañana, servirse una taza de buen café y disfrutar el amanecer, en silencio.

Pero la realidad es que en este país y cultura, lograr tranquilidad es muy difícil.

Nos levantamos tarde, no desayunamos, caminamos de prisa, atravesamos la ciudad por (al menos) 1 hora y media y llegamos, a penas a tiempo, a trabajar o a la escuela. En todo este tiempo nuestra mente hizo 100 listas de pendientes, juzgó, se abrazó al pasado, comenzó a trabajar, planeó el fin de semana... todo mientras escuchábamos música en el reproductor de MP3.

La vida que llevamos nos exige ser así aun a costa de nuestra salud. Tenemos que ser productivos. En este proceso descuidamos, de manera muy fuerte, nuestra mente. Nunca le damos un espacio para respirar y hay quienes llegan al borde de la infelicidad.

Aquí me atrevo a lanzar esta fórmula negativa:

Entre más tengamos de qué preocuparnos, más infelices somos.

Si tenemos 10 autos, son 10 tenencias qué pagar. Si hemos juntado la mejor colección de cómics o DVDs, mantenerla en buen estado va a ser un motivo de tensión. Si tenemos dos parejas al mismo tiempo, habrá que preocuparse por mantener dos secretos. Si tenemos 5 actividades extras al trabajo y familia, son 5 motivos para tener los nervios de punta. ¡Estrés interminable!

Nuestra cultura nos impulsa a tener más de todo. Y es un grave error.

Pero la contra fórmula para estos males es:

Entre menos tenemos, hay menos factores de estrés. Por consiguiente, somos más felicies.

Llevar una vida sencilla promueve la libertad, nos da más tiempo de hacer las cosas que nos gustan, nos pone de mejor humor y esto lo agradecerán las personas que nos quieren. Es vivir sin ostentación y adornos, sin dificultad.

Tomando todo esto en cuenta, y basado en un artículo de Zen Habits, les comparto las dos reglas para llevar una vida sencilla:

1. **Identifica lo que te es realmente importante para vivir**
2. **Desecha todo lo demás**

En futuros artículos hablaremos más al respecto, pero los quiero dejar con esas dos reglas.

¿Aun escuchas esa colección de cassettes de los 80's y sólo está guardando polvo desde hace 20 años? ¿Vas al club, a clase de tejido, entrenas para un maratón, estás aprendiendo Zulu y tu novia te exige puntualidad? ¿Tienes cuenta en todas las redes sociales, 7 direcciones de correo y tratas de mantenerte al día en todo?

Siempre es buen tiempo de deshacernos de factores que no necesitamos en nuestra vida diaria, de hacer la sencilla.

En esa medida seremos más felices.

El Llamado de la Comadreja

Llamado de la Comadreja: (*Pull of the Weasel*) Es la voz de esa pequeña comadreja que todos llevamos dentro, que nos lleva a hacer las cosas aun sabiendo que estamos mal y que sufriremos las consecuencias.

Uno de mis héroes intelectuales es Penn Jillette. Es actor, ilusionista, escritor, músico, pensador y escéptico enemigo hasta la muerte de basura que esté fuera de la razón y nuble la mente; como las religiones, new age y conspiraciones.

En su muy extrañado programa de radio, Penn Radio, él acuñó el término *Pull* o *Call of the Weasel*, y en sus propias palabras significa: "Sabes que algo está mal, pero en algún lugar de tus entrañas, una pequeña comadreja te dice que lo hagas".

En el show, esto se prestaba para todo tipo de historias muy graciosas que los escuchas reportaban por teléfono. Pero lejos del humor y pensando un poco más, todos somos atacados por la comadreja diariamente.

Cuando mentimos, manipulamos a las personas, cuando no hacemos las cosas en el momento, al no tomar un problema de frente; sabemos perfecto que estas acciones serán contraproducentes y deberíamos hacer lo posible para resolver la situación, pero obedecemos a esta maléfica sabandija y nos vamos por el lado oscuro.

Yo no soy un santo, ni un Buda, ni nada que se le parezca. Oh, no. La comadreja me acompaña todo el día y es mi lucha constante no hacerle caso y seguir con mi vida, por el camino que me ayude más. Para ilustrar todo este tema, expongo algunas llamadas *comadréjicas* personales, que creo que son ejemplos universales:

- **Comida.** Por supuesto que la báscula se da cuenta si como de más. Mi ropa también. Pero siempre pienso: ya mero me pongo a dieta, así que un poco más no hace daño. Es más, hay veces que ni lo pienso; simplemente me como esos nachos o pizza y ya.
- **Ejercicio**. Soy artista marcial de toda la vida, pero de algún tiempo para acá me vi obligado a dejar mi amado aikido. Sé que, al menos, debería ponerme a correr y que me va a beneficiar… pero no lo hago.
- **Meditar**. 20 minutos de meditación al día cambian tu perspectiva. Te calman y te centran. Te hacen tomar las cosas como son y sin la basura que nuestra mente crea. Me conviene y me gusta. Pero no lo hago con la frecuencia que debería.
- **Llamar a mis padres**. Me quieren y me extrañan y sé que les gusta escucharme. Pero siempre me hago menso y trato de no llamarles lo más posible.

Estos son tan sólo unos pocos ejemplos de lo que la comadreja hace conmigo todo el tiempo, pero hay algo que tengo que exponer:

La comadreja somos nosotros mismos, saboteándonos.

Echarle la culpa a un pobre mamífero imaginario es muy gracioso, pero es un intento por no tomar la responsabilidad de lo que hacemos.

Si tuviste una aventura a escondidas de tu pareja, no, no fue la tentación, ni culpa del alcohol, ni la oscuridad de la noche, ni el diablo. Fuiste tú y nadie más quien se puso en esa situación.

Si engordaste 10 kilos en diciembre, no fueron las fiestas decembrinas, ni que la tía Chayo es muy generosa con la comida. Fuiste tú por querer comer de más y ser indulgente con las cosas que SABES te hacen daño.

Si tienes que recurrir a medidas de emergencia porque no controlas tu bebida, no estás enfermo. Tú mismo te pusiste en esa situación.

En nuestra cultura latinoamericana tenemos la tonta costumbre de siempre culpar o agradecer a un ser supremo por las cosas que suceden. Se nos enseña a decir: *gracias a Dios, todo salió bien.* Esto significa que nos libramos de toda responsabilidad.

Llevar una vida sencilla implica librarnos de todo lo que no necesitamos para vivir. Uno de esos factores que nos estorban es el la llamada de la comadreja.

Ahora que ya sabemos que la llamada de la comadreja está ahí siempre, podemos localizarla y reconocer cuando no queremos hacernos responsables de las cosas.

Y ese es nuestro reto diario.

Nota choco budista: El luchar contra el llamado de la comadreja obedece al Camino Óctuple, que es la vía hacia el nibbana (tranquilidad, felicidad total). En el futuro cercano tendremos más al respecto en Choco Buda.

Las Cuatro Nobles Verdades

Como hemos visto en posts anteriores, el budismo no es una religión. Se mide como religión debido a la cantidad de seguidores, pero en realidad es una serie de conceptos que nos ayudan a ver la vida de una manera mucho más agradable y sin complicaciones.

Con este objetivo, les resumo las Cuatro Nobles Verdades, que fueron la primera enseñanza del Buda cuando alcanzó su estado de tranquilidad o nibbana. Estas son los pilares del budismo, pero de ninguna forma significa que las puedas aplicar a tu vida cotidiana si eres de otra forma de pensar.

Les recomiendo que lean este post con detenimiento y traten de relacionarlo a su vida y todo lo que han pasado para llegar a este momento. Ha habido muchas satisfacciones, pero también dolor. Y mucho. Este dolor mental y emocional siempre tiene una razón que se puede entender y atacar.

Esa es la razón de ser de las Cuatro Nobles Verdades.

Primera Noble Verdad: La vida incluye el sufrimiento.
Todos hemos pasado por situaciones frustrantes y dolorosas. De hecho, una buena parte han sido experiencias que nos hacen sentir miserables y nos parece que todo el dolor del universo está puesto en nuestros hombros. Nos preguntamos porqué nos tocó a nosotros sufrir esto, nos conmiseramos y casi siempre generamos una resistencia y apatía contra las personas que nos hicieron daño. Buscamos venganza.

Lo que no vemos es que no somos los únicos que sienten dolor. Todas las personas del mundo sufrimos emocionalmente y nos hacemos la vida de cuadritos porque X situación no sale justo como la imaginábamos.

Nacer, crecer, amar, comer y todos los verbos que pongan aquí resultan en dolor en algún punto. Esto es porque la vida incluye el dolor emocional y todos los seres humanos lo experimentamos.

Segunda Noble Verdad: El sufrimiento tiene una causa
Hay muchas clases de sufrimiento. Si nos duele la cabeza o tenemos gripe, es dolor físico y no lo controlamos; simplemente sucede porque tenemos un cuerpo.

Pero los humanos nos caracterizamos por crearnos situaciones que nos hacen sufrir. ¿Recuerdas que cuando eras adolescente sufrías por todo? Cuando no te daban permiso, cuando esa persona que te gustaba no te hacía caso, cuando tus amigos no te invitaban, cuando no podías comprarte un disco. Toda la experiencia de la adolescencia produce sufrimiento.

Y tu vida adulta no es diferente. Ahora sufres porque no te alcanza para una casa enorme, porque quieres un mejor auto, porque tienes un trabajo miserable (y yo levanto la mano aquí), porque las cosas no salieron como quieres, porque comiste mucho y ya no te queda tu ropa.

Tus apegos, positivos o negativos, son la causa del sufrimiento emocional.

Tercera Noble Verdad: El sufrimiento siempre termina
Una realidad es que nada es para siempre. No importa qué tan perfecto esté tu fin de semana en la playa, sabes que el lunes tienes que estar temprano para trabajar.

Si estás en la fiesta más divertida de tu vida, sabes que durará sólo un poco más y luego tendrás que ir a casa a dormir.

El sufrimiento se comporta igual: siempre se acaba.

El problema con el sufrimiento, y como con todas las emociones negativas, es que es muy poderoso. Una hora de sufrimiento puro borra de nuestra memoria 10 años de felicidad. Hay situaciones en las que parece que todo el mundo se viene abajo, hay desolación en nuestros corazones y todo indica que así será el resto de nuestras vidas. Pero al final, contigo o sin ti, el sufrimiento termina. Siempre.

Cuarta Noble Verdad: Existe un camino para terminar con el sufrimiento

Si somos inteligentes y comprendemos que mentir, robar, matar, beber alcohol o desvelarse traen consecuencias, dejamos de hacerlo. Terminamos con una conducta que nos hace daño.

De la misma manera, el sufrimiento es igual. Se puede acabar o, al menos, aminorar si somos inteligentes y si de verdad nos dedicamos a ello.

Vivir en calma y paz es invaluable, aun a pesar de nosotros mismos.

Como les dije al principio, estos cuatro factores que marcan nuestras vidas no aplican al budismo. Son verdades universales que están en la vida de cualquier persona.

Traten de ver ejemplos prácticos en sus propias vidas y verán que todo esto está vigente y se aplica a la perfección.

Las Cuatro Nobles Verdades son la base del budismo y cuando las comprendes, ves la vida con otros ojos; la carga emocional que oprime el corazón se hace mucho más ligera.

El reto de las 100 cosas

En estos momentos de mi vida soy fan de todo lo que implique hacer la existencia mucho más sencilla. El bombardeo de publicidad al que somos sometidos cada minuto del día es abrumador. Por todos lados nos llegan señales de que TENEMOS que comprar x artículo o servicio para ser felices.

El tener demasiadas cosas implica muchos puntos oscuros y los he experimentado uno a uno, de carne propia. Por ejemplo:

- Más pertenencias implica más trabajo. Hay que limpiar, cuidar, pagar, ordenar, almacenar, catalogar más.
- Entre más cosas tienes, más saturado se ve tu hogar o espacio de trabajo. Aunque no lo notemos, esto genera estrés.
- Si es necesario mudarte de casa, el tener muchas cosas implica más cajas que vas a acarrear de un lado a otro.
- Más chunches implica más apego. La mayoría de nosotros guardamos cosas debido a la carga emocional que les damos, no a su utilidad.
- Estar preocupado por tener más, nos distrae de lo que vale la pena: disfrutar las experiencias, no las posesiones.

En nuestro estilo de vida impuesto por la mercadotecnia, el almacenar cosas nos hace sentir bien. Nos da una felicidad temporal que es reemplazada por el nuevo objeto que llega. Se acaba la felicidad y compramos el siguiente objeto. Y es una cadena interminable.

En el blog Zen Habits hay un artículo que me hizo pensar mucho en lo que almaceno. *Se llama Diversión minimalista, el reto de las 100 cosas.* Y es la búsqueda personal del autor por tener menos.

Y es justo lo que busco. Sencillez y sólo vivir mis pasiones, como escribir este blog o El Webonauta. No necesito 20,000 libros almacenados o 200 prendas de ropa para escribir. Tampoco necesito 10,000 cómics guardados en cajas para estar en un parque caminando de la mano con quien amo. De igual forma, no requiero el tener guardadas 2 millones de canciones para poder sentarme en el cine a disfrutar una película.

Además, el almacenar cosas me hace preguntar: ¿Cuántos libros puedes leer al mismo tiempo? ¿Cuántas playeras puedo usar en un día? ¿Cuántas canciones necesito portar conmigo, cuando sólo puedo escuchar una a la vez? La respuesta es: uno.

Por estas razones, le voy a entrar al reto de las 100 cosas. La idea es que únicamente poseamos 100 artículos de lo que sea.

Este reto tiene algunas reglas, claro. No se consideran artículos de uso común en la casa, como la tele, artículos de cocina o muebles. Sólo es para cosas personales.
Y es lo que voy a hacer. Primero haré un inventario de lo que tengo y luego iré desprendiéndome de lo que no necesito hasta llegar a 100 o menos.

Me quedaré con lo mínimo indispensable y les reportaré qué tal me va.
Ahora yo les pregunto: ¿Podrías vivir con sólo 100 cosas?

Termina con la angustia. Ordena tus ideas mientras caminas

Uno de los conceptos que más escucharás aquí es que el **caos y el desorden se reflejan en cómo funciona tu mente**.

Entre más desordenado esté tu entorno, más desordenada estará tu mente y tu forma de poner en orden tus propias ideas.

Sin embargo, por el estrés de la vida cotidiana, las ideas que flotan en nuestra cabeza se amontonan y se arremolinan y todas piden ser atendidas al mismo tiempo. Esto genera mucha angustia y hasta dificultades para dormir.

Así que no desesperes porque hay varias formas de terminar con esto. Hoy nos enfocaremos a la más sencilla y gratuita: caminar y respirar profundo.

A pesar de que suena a *clichè*, caminar te da la solución más inmediata para romper con el ciclo de la angustia generado por el exceso de procesos mentales que nos genera el estrés.

Recuerda que en la vida siempre hay problemas. Los tuvieron los dinosaurios, las personas de la edad media y nosotros.

El planeta en el que vivimos es el ejemplo más grande de paciencia y de darle su debido tiempo a los problemas. La Tierra nunca se apresuró para cumplir las cosas. Se tomó su debido tiempo y sigue trabajando.

Si te apresuras demasiado en solucionar problemas, vas a tener un margen de error. Y los errores por distracción o prisa son los más molestos.

Los problemas se resuelven contigo o sin ti así que, a menos que sea algo que requiera de tu atención en los próximos 5 minutos, haz una pausa y sal a caminar. Si no es la hora adecuada o estás en una zona poco segura, sal un poco al aire libre.

Mientras caminas respira profundo. Piensa en todas las cosas que tienes que hacer y dales un número de ficha. Por ejemplo, si tienes que entregar con urgencia un reporte, dale el número 1. El 2 se lo das a la llamada que tienes que hacer. El 3 se lo asignas al problema con tu pareja.

Después de 5 o 10 minutos de caminar con buen paso y respiración adecuada, las ideas se acomodarán solas. También habrás roto el ciclo del estrés y tendrás un poco de calma para continuar.

Ten en mente que todos tenemos mucho sucediendo. Pero también piensa que los problemas siempre se resuelven sin importar la urgencia. Contigo o sin ti.

Cuatro secretos para estar bien en la oficina

Las oficinas van en contra del espíritu humano. Son granjas en las que las personas llegan, se sientan, trabajan, comen y se van a casa con la seguridad de que deberían estar en cualquier otro lado.

Este mundo y sistema de producción se ha enfocado en exprimir gota a gota la vida y el alma de millones de trabajadores y son muy pocos los negocios que realmente cuidan el capital humano.

El resultado de esto es un índice de infelicidad que está a tope, en contraste con cómo se sentía la población del mundo en los años 50. Ahora tenemos más cosas, más comida (de peor calidad, por supuesto), más aparatos y más responsabilidades. Todo es, además, aderezado con la falta de tiempo a la que todos nos enfrentamos.

Como yo lo veo, no hay forma de parar este sistema de producción. Está tan instalado en nuestra cultura que es común escuchar comentarios como "te pagan poco, pero al menos es seguro"; o "agarras ese trabajo y ahí te quedas hasta la jubilación". Perdón, pero esto es espantoso.

Supongo que todos los países del mundo están demasiado clavados en esto, a pesar de que sabemos que es un sistema en crisis y que es insostenible. Los trabajadores están empezando a protestar, pero el monstruo corporativo los jala de regreso al cubículo.

Estamos comenzando a buscar maneras de sentirnos vivos y alegres. Estamos empezando a ser creativos.

Y ese es el punto de este artículo.

Las corporaciones y la burocracia pregonan que apoyan la creatividad y la libre expresión de sus empleados, pero esto es falso. Falso, mentira, absurdo, no verídico, fantasía. Las empresas lo único que quieren es que produzcas y, cuando estés cansado o enfermo, produzcas aun más.

En mi experiencia personal, luchar contra esto fue duro, pero me dio resultado. Justo por eso lo comparto.

Mi secreto para estar bien en la oficina es ser creativo y crear un sistema personal para sentirse cómodo.

Nada de malo tiene llegar a un cubículo y trabajar 12 horas. Todos lo hacemos. Lo que yo hice por más de 15 años fue generar acciones que promovieran mi bienestar.

Sé ordenado
El escritorio siempre estaba limpio. Ni un sólo papel. Nada. Mucha gente me preguntaba cómo le hacía y la respuesta era la misma: me conviene ser ordenado. Tener un lugar para cada cosa y tener los menos papeles posibles hacían mi estancia menos abrasiva.

Lo único personal que estaba en mi escritorio era mi bloc de notas, pluma, un Buda y la computadora. Todo lo demás estaba en cajones, folders y estantes.
Ser ordenado te da aire y espacio, calma la tensión y te ayuda a estructurar tu día.

Comparte sólo lo necesario
Las oficinas privadas, y aun más las gubernamentales, son fuentes

de chismes, mentiras y puñaladas por la espalda. Esto es natural porque son ecosistemas en los que la gente pasa hasta 14 horas al día, conviviendo con todo mundo, tratando de salir adelante y de pasar encima de quien sea por reafirmar su lugar en el universo.

Yo sé que las filosofías de los grandes líderes apuntan a que siempre hay que estar al pendiente de los colaboradores, pero creo que esto debe tener límites.
El trabajo es el trabajo. La vida real está afuera.
Si aprendemos a mantener la línea entre trabajo y vida privada, las cosas serán más simples porque estarás más enfocado y sin involucrarte en nada que no sea producción.

Lo que te hace ser tú, lo que te da tus valores, moral y felicidad, está con tu familia y amigos. Hasta tus mascotas entran en esto.

Preocúpate más por tus amigos y familia porque son ellos los que siempre estarán a tu lado.

Disfruta una actividad fuera del trabajo
Lo que a mi me mantuvo cuerdo en mis años oficinistas fueron mis proyectos creativos. Siempre estaba escribiendo, entrenando artes marciales, cocinando, acudiendo a exposiciones o yendo al cine. Casi siempre rodeado de amigos.

¿Tú ya encontrastre lo que te hace ser tú? Quizá disfrutes los videojuegos o el soccer. O tal vez disfrutas la yoga. ¿Qué tal leer? ¿Cuántos buenos libros has leído últimamente?

Todo lo que hagamos fuera de la oficina nos da cimientos para enfrentar la locura de la vida corporativa.

Apaga la tele comercial para siempre
Este es un consejo que nunca me canso de dar. Llevo aproximadamente 8 años sin ver la televisión y soy muy feliz.

Ahora leo, escribo, produzco audio, salgo a caminar, voy al cine y me da tiempo de hacer muchas cosas; y por paradójico que suene, incluso veo programas de televisión, pero en DVD.

La televisión comercial y por cable son espantosas. Las considero una extensión del mundo corporativo porque te impulsan a comprar más, te dejan sin pensar y te mantienen quieto y sin crear nada.

Si te libras de la tele para siempre, tendrás más creatividad y más tiempo para disfrutar lo que te hace ser tú.

Estas medidas son sólo unas cuantas ideas que pueden ayudar. Pero estoy seguro que hay muchísimas más que conoces. ¿Porqué no las implementas a tu vida cotidana?

—

Nota choco budista: El ser creativo, ver la vida con otros ojos y hacer algo para promover tu bienestar, pertenecen al Camino Óctuple: Visión Correcta y Acción Correcta.

El reto de las 100 cosas. Lo logré: sólo tengo 86 cosas personales

Hace un mes escribí que me uniría al reto de las 100 cosas, que es un movimiento internacional que se enfoca en vivir la vida con las menos pertenencias posibles.

Este enfoque budista y mínimo de ver el mundo se amolda bien a cómo está el planeta en estos tiempos. El sistema de producción que como especie llevamos es, por mucho, insostenible.

Adquirimos y nos llenamos de artículos que no necesitamos en un infinito bucle de trabajar, comprar, ver tele... Y no sé ustedes, pero yo estoy harto de él. Estamos saturados de publicidad, de aparatos que no necesitamos y cada vez tenemos menos tiempo para disfrutar la vida.

Y lo peor es que caemos en la trampa de que necesitamos comprar cosas para ser felices.

Entonces es donde encaja, de manera perfecta, el esquema de las 100 cosas.

Reducir tus artículos personales al mínimo te da oportunidad de enfocarte a actividades que te afirman, hacen sentir bien y te dan propósito.

En mi caso, el no tener nada me da libertad, movimiento y me siento muy cómodo sin tener que preocuparme de tenencias, comprar DVDs, videojuegos en disco, libros físicos o de cuidar objetos valiosos. Y no es que no compre nada. Al contrario.

Compro muchas cosas, pero mi búsqueda personal está enfocada a desarrollar mi creatividad, a escribir mejor y a entender que ser sencillo es mucho mejor.

Hablando exclusivamente de material intelectual como libros, películas o cómics, una vez que los consumo no los vuelvo a ver. La música la almaceno un poco más tiempo (en MP3), pero al final la borro. Me enfoco en la experiencia, no en la posesión.

Así que durante un fin de semana me enfoqué a ver qué me sobraba y qué podía dejar ir. El resultado son sólo 86 objetos personales. No incluyo libros ni cómics porque, a pesar de que tengo muchos, los estoy regalando poco a poco hasta quedarme únicamente con el estoy leyendo actualmente. Si quieren que les regale algunos, diríjanse a Diario de un Webonauta (www.webonauta.info), donde cada semana hago trivias con premio.

En la lista tampoco incluyo objetos de uso común en casa. Por ejemplo muebles, utensilios de cocina y artículos de trabajo (impresora, scanner, papelería). Esos pertenecen a la casa y son usados por todos. Mi idea es que todo lo que tengo quepa en dos backpacks.

Después de este rollo, les presento mi lista de pertenencias:

- 1 laptop
- 5 pares de zapatos (incluyo sandalias)
- 3 backpacks (1 de viaje, 1 urbana y 1 de laptop)
- 3 bermudas (Sí, me encanta usarlas, aun en invierno)

- 1 pants (para las noches frías y domingos de películas)
- 10 pares de calcetas
- 10 prendas de ropa interior (me di cuenta que decir "chones" no era tan refinado)
- 4 pantalones
- 16 playeras
- 1 camisa (cortesía de mi amigo Freddy del Club Star Wars Guadalajara)
- 2 chamarras
- 1 rompeviento
- 2 sudaderas
- 1 paraguas
- 5 espumas de rasurar (se irán acabando conforme las use)
- 2 desodorantes (1 en uso y otro de backup. Uno nunca sabe cuando la peste ataca)
- 2 after shave (uno de ellos está por terminarse)
- 3 botes de talco para pies (sin darme cuenta se juntaron. Se acabarán pronto, para beneficio de la raza humana)
- 1 cepillo de dientes
- 1 rastrillo
- 1 cartera
- 1 tijeras (para podar pelitos que salen en partes bizarras)
- 1 juego de llaves
- 1 rupah (vulgo conocetia como "budita")
- 1 reloj de pulso (digital porque nunca aprendí a leer el de manecillas)
- 2 pares de lentes (1 de sol y 1 para leer)
- 1 moleskin (para notas y sketches)
- 1 juego de acuarelas (para pintar las paredes de los baños públicos de manera artística)
- 1 celular (¡por favor que ya se termine mi leonino plan!)
- 1 gorra
- 1 bloqueador solar (en tiempos de hoyo en capa de ozono, para mi es vital)

Y ahí lo tienen. Todo esto suma 86 cosas. No más. Mi reto es mantenerme en menos de 100 para el resto de mi vida.

Lo logré. Y se siente muy bien.

—

Nota choco budista: El hecho de dejar ir tus posesiones materiales también hace que dejes ir la carga emocional que uno mismo les otorga. Así logras mucha más tranquilidad.

A esto se le llama Renunciación y practicar el desapego.

Cinco máximas para mantener bajo control el escritorio de la computadora

¿Te has dado cuenta cuánto tardas en encontrar un archivo en tu computadora? Si usas Mac o Ubuntu, tienes una ayuda extra, pero si tienes que usar la pésima herramienta de búsqueda de Windows, la posibilidad de no encontrar lo que necesitas es mayor.

Cuando trabajas en algún proyecto y guardas tu documento, ¿te preguntas en dónde lo pusiste porque no puedes encontrarlo después?

No te has preguntado ¿Porqué tarda tanto en abrir mi compu?

Sin duda, uno de los problemas más grandes de trabajar en una computadora es la organización de nuestros archivos. El tener desorden en nuestra estación de trabajo no sólo hace más lentos nuestros procedimientos, sino que contribuye al caos que nos rodea en nuestros centros de trabajo.

Si estás en una oficina, mira las pantallas de tus compañeros. ¿Te has dado cuenta que todo mundo usa el escritorio de la PC para guardar archivos? El escritorio de la compu se convirtió en una sopa sin pies ni cabeza, lleno de iconos y accesos directos que no usamos.

El escritorio de una PC no es diferente al escritorio físico de madera o metal la que estás sentado. Entre más papeles tengas encima, más difícil es organizarte y encontrar asuntos perdidos. Esto impacta tu estado mental y tu productividad en una manera sigilosa, pero que daña tu ánimo y tu día.

Luego de experimentar varios años la manera más fácil de terminar con el desorden de mis computadoras, he producido las 5 máximas para mantener bajo control el escritorio.

NOTA: Antes de empezar, toma una captura de pantalla de tu escritorio y guárdala. Sólo presiona la tecla de ImpPnt.

1. El escritorio no es un archivero
El escritorio es la parte más importante de la interfase de nuestras computadoras. Está ahí para darnos un lugar dónde trabajar.

Para guardar tus archivos te sugiero que uses los folders que vienen por default en el sistema, si importar la plataforma. ¿Has visto que tienes un folder llamado Documentos? Úsalo.

En Windows 7 esto es un poco más fácil porque ahora tienes Bibliotecas a tu servicio, que son repositorios de todas tus carpetas donde tengas contenido útil. Puedes llenar la biblioteca de Documentos con cosas que tengas por todo el disco duro.

2. Termina con la invasión de iconos
En la Mac o en Ubuntu no tenemos este problema, pero la manera en la que funciona Windows nos obliga a tener un icono de programa en el escritorio.

Cada vez que instales un programa, pídele que no te genere acceso directo en el escritorio. De todas formas tienes el menú de Inicio a tu disposición.

¿Ves esos iconos con una flechita por abajo? Son accesos directos. Tíralos a la basura, estoy seguro que el universo no colapsará.

3. Orden por carpetas Cliente/Proyecto/Documento

OK, ya terminé con el caos que había tomado control de mi escritorio, ¿Ahora dónde guardo mis archivos?

Dentro del folder de Documentos, crea una estructura basada en Trabajo / Cliente / Proyecto / Documento. Ejemplo:

Folder Documentos
  Folder Trabajo
    Folder Ford Motor Company
      Folder Autos nuevos
        Presentacion.doc

No, no cometí un error de ortografía. El nombre de archivo lo escribí sin acento. Trata de no escribir caracteres especiales en los nombres de archivo, ya que cuando cambias de PC a Mac o a Ubuntu, tus archivos pueden no leerse.

Al principio parecerá que debes dar demasiados clics para llegar a tu documento, pero en realidad te conviene mucho ordenar así porque, si lo conviertes en tu forma de trabajo, siempre vas a tener tu información en el mismo lugar.

Si eres estudiante, entonces ordena de la siguiente manera:

Folder Documentos
  Folder Primer semestre
    Folder Literatura
      Presentacion Shakespeare.doc

Mucha gente que he conocido crea nombres de archivo como "pollitoOK OK2 27ABR2010.ppt". A pesar de que parece una idea chistosa llamar "pollito" a un archivo porque fue lo único que se te ocurrió, trata de no hacerlo. Esto es porque los nombres chistosos o, aparentemente aleatorios, se repiten y tu mente. O sea que los produce con frecuencia y tendrías muchos archivos llamados "pollito...".

Otra gran ventaja de la jerarquía por carpetas es que respaldar a DVD o a otro disco duro, es mucho más fácil porque tus documentos no están perdidos por toda la compu.

4. Música, fotos, videos

En el folder de tu usuario, o Home en la Mac y en Ubuntu, hay carpetas prestablecidas para prácticamente todo lo que necesites. Haz uso de ellas.

5. Mi PC y papelera. Quítalos de la vista

Dependiendo tu plataforma, hay forma de hacer visible o de esconder los iconos de Mi PC y papelera. Sugiero que los escondas porque, de todas formas, cuando abres una nueva ventana de Finder o de Explorador, los puedes abrir.

Listo, tu escritorio y tus documentos están bajo control. ¿Recuerdas que te pedí tomar una captura de pantalla? Ahora, con el escritorio libre de iconos, toma una nueva captura de pantalla, guárdala y compara el antes y el después. La única palabra que vendrá a tu mente es:

Aire.

—

Nota chocho budista: El esforzarte en buscar una mejor manera de trabajar y de ordenar tu computadora, se relaciona con parte del Camino Óctuple: Visión Correcta, Acción Correcta y Esfuerzo Correcto.

El Camino Óctuple es un sistema de recomendaciones para llegar a una vida tranquila.

Antes del amanecer: un tiempo para ti

Sabemos, de antemano, que hoy nos enfrentaremos al insoportable tráfico, al pésimo café de la oficina/cafetería de la escuela, a los chistes estúpidos de López y la hipocresía de los jefes.

Hay que empezar el día de la mejor manera y sin que la serie de factores adversos nos hagan caer desde temprano.

¿Qué tal empezar el día un poco antes?

Si tu hora de despertar es a las 6:00 AM, mañana despierta a las 5:30 AM. Levántate, prepara un café perfecto, justo como a ti te gusta y tómate unos minutos para disfrutarlo. Pon la música que más disfrutas a volumen bajo. O toma una revista y hojéala. O, como yo, usa ese tiempo para escribir algo.

Si eres choco budista, también podrías meditar unos 10 o 20 minutos. Esa media hora es para ti solo. Nadie más en el día podrá invadirla y te servirá para arrancar de la forma más placentera tu día.

Termina con la invasión de las fotos de papel. Cinco ventajas de la digitalización de imágenes

Tener fotos en casa es una gran forma de llevar en la mente y en el corazón a las personas que queremos. Son un gran recuerdo y, con frecuencia, nos hacen sonreír.

El problema de utilizar las fotografías como decoración es que su valor de recuerdo es anulado con el tiempo.

El proceso de colocar una foto en un porta retratos es muy placentero, pero cuando la novedad termina, la imagen de la abuela con sonrisa de oreja a oreja se convierte en parte del ambiente. Esto provoca que ignoremos la imagen y que se deteriore con la exposición a la luz.

También existe el problema de tener demasiadas fotos de papel rodando por la casa. En mi propia casa he encontrado fotos olvidadas en libros, revistas, cajones y hasta en cajas de cartón.

Es por eso que digitalizar tus imágenes en un scanner es una gran solución a tus problemas de desorden y de deterioro de fotos y hasta de trabajos escolares.

Los scanners son muy baratos y accesibles en estos tiempos, así que en lugar de gastar $1,000.00 en una salida con chelas, ve y cómprate un escaner.

Guardar tus fotos en la computadora tiene estas ventajas:

1. **Sonrisas y recuerdos al por mayor.** Cada vez que pasas por un scanner tus fotos, las ves en la pantalla. Esto hace que recuerdes y sonrías. Es un gran valor.

2. **Preservar para siempre.** Es muy importante que tus fotos no sólo vivan en el disco duro de tu computadora, sino que las respaldes a CD para que las puedas tener accesibles todo el tiempo.

3. **Orden y catálogo.** Con programas como iPhoto para Mac y Picasa para Windows y Linux, puedes ordenar, catalogar y etiquetar las imágenes para que tengan orden por fecha, situación, color, personas y todas las etiquetas que quieras.

4. **Retoque y quitar el espantoso ojo rojo**. Esa foto de tu grupo donde la chica que te gusta tiene ojos satánicos puede ser retocada con los programas mencionados. También se puede restaurar una foto vieja o doblada.

5. **Imprimes lo que necesitas.** Como mencioné, la gente tiende a aferrarse a las fotos y no las tira a la basura cuando ya ni las miran. Cuando tienes tus fotos digitalizadas, puedes tirar la que no te guste e imprimir una copia fresca de alguna nueva.

Con todas estas ventajas terminarás con la invasión de fotos de papel y tu hogar tendrá un punto más de orden.

—

Nota choco budista: El despegarte de tus fotos de papel no significa tirar a la persona a la basura. Sólo tiras papel. Esto se asocia con el principio del desapego, que es una de las soluciones al sufrimiento. Obedece a la Segunda y Tercera Nobles Verdades: el sufrimiento emocional tiene su origen en el apego, pero también tiene un final.

Fin de semana minimalista. Cinco actividades relajantes

Cuántas veces has escuchado o dicho "Este fin de semana no voy a hacer nada porque no tengo dinero". Son tiempos en los que la economía aprieta y cada centavo cuenta. Pero también entran en mente situaciones de sustentabilidad, ecología y, simplemente, tiempo.

El fin de semana es cuando muchos de nosotros aprovechamos para descansar y hacer las cosas que no podemos durante los días de trabajo. Pero a veces, parece que en sábado y domingo tenemos un trabajo de tiempo completo en sí mismo. Y creo que es tiempo de romper con esa rutina para orientar nuestras mentes y cuerpos en acciones que nos construyan en cuerpo y mente.

La buena noticia es que no se necesita gastar mucho.

1. Prepara una buena comida

En últimos días, aquí en Arrakis (cuarteles generales del Choco Buda), hemos estado pensando en el poco valor que hay en salir a comer a un restaurante. Es caro, lento y, la verdad, es que la calidad de los alimentos deja mucho que desear.

Nos hemos dado cuenta que por el precio de un platillo en un lugar bonito, podemos comer dos personas hasta 3 días. Sí. 3 días, dos personas.

El truco es dedicarse a aprender y cocinar cosas sencillas. Hacer una comida rica en fin de semana es una gran experiencia que empieza desde imaginar qué prepararemos. Buscar alguna receta en internet, ir al mercado (ojo: no al supermercado, sino al tianguis o mercado) y prepararlo todo.

Tip extra: La pasta es rápida de hacer y siempre queda muy rica.

Saborear nuestros propios platillos, acompañados de personas que quieres, es una experiencia maravillosa.

2. Lee un libro
Una de las actividades más agradables para mi es leer. Siempre he leído, desde muy niño. No hay nada como sentarte a leer y dejar pasar la tarde de domingo.

Y, por supuesto, no hay que gastar mucho para poder leer un buen libro. Puedes pedirlo prestado o comprar en alguna librería de libros usados.

3. Camina
Salir a caminar en fin de semana es una actividad zen por excelencia. Te relaja, te hace pensar y estás, aunque sea por un momento, consciente de lo que te rodea.
Levantarse temprano, calzar un par de tenis y salir a un parque hacen que el día se sienta bien y nos pone en una muy buena actitud.

Muchas ciudades tienen actividades gratuitas en domingo por la mañana. Aprovéchalas y camina por todos lados.

4. Juega
No, nunca se es demasiado adulto para jugar. Se puede jugar un deporte, un juego de mesa, un juego de palabras, de dados, de rol y si me ponen muy techno, un video juego.

La especie humana se caracteriza por las actividades lúdicas. Estoy seguro que existe un juego con el cual podrías pasar toda una tarde de amigos, de la mejor manera.

5. No hagas nada

Siempre estamos en una vorágine de actividades. Si el fin de semana le dedicas un par de horas a estar sentado, tranquilo y sin ruido, será una inversión que te redituará mucho. Para empezar, le cortas el ritmo al estrés, haces que tu cuerpo se relaje y hasta te puedes quedar dormido placenteramente.

Estos pequeños espacios silenciosos son los que usa nuestra mente para poner en orden lo que esté haciendo ruido por adentro. Vale mucho la pena.

—

Nota choco budista: Dedicarte tiempo para jugar, cortar el ritmo de la tensión y dedicarte un tiempo para ti solo, es el principio más elemental de la meditación.

Meditar es la actividad sublime por excelencia y puede ser aprovechada por cualquier persona.

Respira

Siente tus pies. ¿Te has dado cuenta que te ayudan mucho y todo el día te cargan? Hacen que camines y desafían la gravedad de la Tierra para llevarte a donde quieras.

Seguramente estás sentado en una silla en este momento. Eso significa que tienes un techo sobre tu cabeza, manos sanas para teclear, ojos sanos para ver, dinero para computadora e internet, puedes pagar las cuentas y te apuesto a que no tienes hambre o sed. Tampoco tienes frío.

Apuesto a que en este momento de tu vida no estás llorando. Estás leyendo. Sólo por este instante todos tus problemas se convierten en un punto muy pequeño porque tu atención está en un sólo lugar.

Si estás en la oficina es porque tienes trabajo. Quizá estás leyendo desde tu teléfono móvil. Tal vez estás en casa.

Estas palabras te acaban de hacer consciente, por unos segundos, de tu realidad. Así es como necesitamos vivir; con la mente aquí.

Piensa en todas las personas que están contigo, en lo que tienes, lo que eres. ¿No es suficiente motivo para terminar feliz esta semana?

Tómate unos segundos. Cierra los ojos.

Respira.

25 razones para odiar el minimalismo (Psicología inversa)

Lo que ahora se llama minimalismo es una corriente de pensamiento que está poniendo en crisis el estilo de vida capitalista.

Es un cáncer que se debe erradicar porque los minimalistas dejan de gastar dinero y se enfocan en cosas sin sentido como la "paz interna" y el "bienestar".

¿Dónde quedaron los días en los que la gente compraba y coleccionaba? ¿Qué pasará con la industria del entretenimiento? ¿Hacia dónde va el mundo?

Nuestro deber es parar en seco este movimiento internacional y traer a toda esa gente al camino de vivir en eterna deuda y acabar con su dinero y tranquilidad.

Por eso presentamos esta lista de 25 puntos por los cuales odiamos a los minimalistas.

1. Dejan de comprar y se enfocan en la paz interna.
2. Son inmunes a la publicidad.
3. Ven poco (o nada) de televisión. Sólo leen, escriben e investigan cómo mejorar sus vidas.

4. Se enfocan en la experiencia, no en los regalos.
5. Se mudan a ciudades pequeñas.
6. Caminan o usan bicicleta. Ya no usan el auto.
7. Intercambian, reciclan y reemplazan en lugar de renovar y comprar siempre artículos nuevos.
8. Crean e inventan. ¿Pero esta gente no compra nada?
9. Forman comunidades de ayuda y consejos, en lugar de estar aislados y preocupados por sus pertenencias.
10. Emprenden negocios modestos basados en Internet, en lugar de montar oficinas para decenas de empleados.
11. No trabajan en oficinas. Les da tiempo de ejercitarse, meditar y disfrutar la vida. Malditos.
12. No van a restaurantes, se divierten cocinando su propia comida. ¡Qué locura!
13. Van al mercado comunitario en lugar de al supermercado.
14. Compran alimentos locales porque piensan que son más baratos y apoyan a los productores de su comunidad.
15. Filtran su propia agua y no compran nuestras caras e inútiles botellas. ¡No entienden nada de estatus ni salud!
16. Investigan todo el tiempo maneras en las que pueden mejorar su hogar.
17. Son amables y pacientes con toda la gente.
18. Contagian al mundo con sus sonrisas.
19. Son honestos. No se enfrascan en chismes ni mentiras.
20. Algunos de ellos son budistas y creen en la libertad
21. Disfrutan su tiempo a solas y ya no acuden a centros nocturnos ni bares.
22. Son organizados y limpios.
23. No gastan en decoración. Detestan la saturación de sus espacios de trabajo y hogares.
24. No visten de corbata o etiqueta, usan ropa modesta. Y además tienen poca. ¿Qué pasará con las grandes cadenas de ropa de lujo?
25. Prefieren caminar en un parque a gastar dinero en atracciones.

Como ven, el minimalismo y sus seguidores tienen que ser detenidos en seco.
No permitamos que esta idea siga creciendo. El bienestar de las corporaciones depende de ello.

Gracias.

—

Nota Choco Corporativa: Estos 20 puntos son tan sólo el principio. Los minimalistas son personas felices y con pocas preocupaciones. Y tengan cuidado porque este movimiento es muy seductor. No caigan en él.

Ser agradecidos

Esta semana publiqué un artículo sobre gratitud dentro de la serie El Abecedario del Chocobuda y la respuesta de los lectores fue muy buena.

Quien está agradecido soy yo porque este blog lo publico para mi, principalmente. Mi vida se ha caracterizado por el aprendizaje y por el movimiento, así que el camino budista y minimalista me queda perfecto porque me da la oportunidad de entender y tomar lo que la vida me ofrece.

Claro que, como todo un buen cabeza dura, a veces las lecciones llegan un poco tarde.

Estar agradecido con todo lo que soy y lo poco que poseo es algo que no he tenido toda la vida. Lo aprendí a golpes que me bajaron de las nubes hasta poner los pies en la tierra. He hablado mucho de que debamos estar agradecidos, pero ¿de qué puedo dar gracias?

De todo. Desde la evolución, pasando por todas las personas importantes de la historia, hasta llegar al amor de mi vida.

El estar consciente de que no soy la única persona en el universo y que hay todo un sistema de situaciones y personas que trabajan tras bambalinas para que hagan posible mi existencia, me centra en mi realidad, me enseña lo pequeños y frágiles que somos; pero también veo lo complejos y fuertes que somos como especie.

Estar agradecido es una actitud que nos vuelve más compasivos y atentos a las necesidades de los demás.

Vale la pena.

25 ideas minimalistas para mejorar tu día

La mitad de semana siempre es dura porque estamos 100% enganchados en ser productivos. No es que tenga algo de malo, pero de vez en cuando necesitamos algún acto para recordarnos lo que somos, quiénes somos.

Estas 25 ideas son pequeñas acciones que podemos tomar para mejorar el día y tener una buena actitud para lo que venga.

Si se les ocurren más, adelante. Hay que aplicarlas a nuestra vida.

1. Mírate al espejo por un momento y sonríe
2. Toma una taza de café
3. Saluda a las personas que estén a tu lado
4. Apaga las distracciones y concéntrate
5. Ordena tu escritorio
6. Ordena los archivos de tu computadora
7. Come una fruta fresca
8. Escucha con atención a los demás
9. Habla poco
10. Mira por la ventana
11. Sal a caminar
12. Apaga la televisión
13. No te enganches en discusiones
14. Evita los chismes (participar y decirlos)
15. Revisa tu e-mail sólo 1 ó 2 veces al día
16. Escucha música que te guste mucho
17. Lee un buen blog (El Chocobuda es siempre buena idea)
18. Di *gracias* con toda sinceridad

19. Pide todo *por favor*
20. Llama a tus padres por teléfono
21. Lee un libro
22. Cuando te equivoques, admítelo
23. Cuando no sepas algo, di *no lo sé*
24. No mientas
25. Manda una sonrisa a alguien que no hayas visto en mucho tiempo
26. Bonus: Respira

Reduce, Reutiliza, Reemplaza, Respira: las 4 R's del minimalismo

Si pudiera describir el mundo moderno con una sola palabra, esta sería *saturación.*

Nuestros sentidos, la comunicación humana, nuestras casas, ciudades, productos y hasta lo que no se supone que debería, compite por nuestra atención. Esta es una cultura en la que entre más ruido y distracciones haya, es mejor.

Por desgracia, esta filosofía de llenarlo todo está implantada en nuestra mente de una manera tal, que ya ni siquiera la cuestionamos. Parecería que el coleccionar cosas como libros, discos, teléfonos viejos, platos o revistas es una necesidad humana básica, pero en realidad no lo es.

Entre más cosas tengamos, más crece el apego emocional por ellas. Conozco personas de 40 años que no se atreven a deshacerse de una taza porque su tía Chona se las regaló cuando tenían 5 años. Pero no sólo atesoran una taza sino cajas enteras de cosas que no se necesitan.

Por supuesto, también nuestra economía sufre mucho al atesorar cosas. Cuando te dedicas a comprar de manera desmedida, vas enfocando dinero a artículos que no necesitas en realidad. Recuerda que el dinero que no gastas hoy, te puede sacar de aprietos grandes mañana.

El almacenamiento se convierte en una carga. Poco a poco vamos llenando nuestro entorno. Saturamos nuestros espacios vitales y nuestra vista con cosas llenas de color, sonidos, tamaños y texturas. Nos vemos en la necesidad de cuidar, limpiar y mantener todos esos objetos, lo cual es trabajo innecesario.

Y no nos damos cuenta, pero esto nos lleva a vivir bajo tensión y con una especie de caos que no podemos explicar hasta que nos detenemos a analizar.

Mira tu escritorio, tu habitación, tu casa. Míralos con honestidad y responde a esta pregunta: ¿no se vería mejor si no hubieran tantas cosas? La respuesta es sí.

Scr minimalista mc ha funcionado a lo largo dc los años. Y es mucho más fácil serlo cuando sigues las cuatro R's, que no sólo se aplican para los objetos, sino para todo lo que haces en tu vida.

Reduce

Contra todo lo que me puedas decir, estoy seguro que no necesitas tener 75 tazas para café. Tampoco necesitas los libros de la universidad porque la mayoría son obsoletos y no los has revisado en, al menos, 5 años.

Haz una revisión de todo lo que hay en tu casa, escritorio u oficina. **Si algún objeto no lo has usado en el último mes, en realidad no lo necesitas. Es hora de dejarlo ir.**

Para reducir tus pertenencias puedes organizar una venta de garage o donar todo a personas que lo necesiten.

Como consejo extra, recuerda esto: las superficies planas deben estar limpias, sin cosas.

Reutiliza

Esta cultura está fabricada para que poseer cosas nuevas nos de la ilusión de bienestar. Y esta es una idea muy equivocada.

El comprar artículos nuevos todo el tiempo impacta directamente a tu economía y al planeta Tierra.

Por ejemplo, piensa en un refrigerador. El metal tuvo que salir de algún lado. Lo mismo aplica para el plástico, gomas, cables y gases. La mercadotecnia oculta el hecho de que hay recursos no renovables detrás de todo lo que compramos. Estos recursos se agotan día a día y pronto no alcanzarán para todos.

Si necesitas muebles, un auto, un refrigerador o un escritorio, revisa los anuncios clasificados. Es muy posible que encuentres lo que buscas a una fracción del precio de un artículo nuevo.

Cambia el paradigma de las cosas nuevas. No tiene nada de malo comprar un artículo usado si es que está en buenas condiciones.

Reemplaza

Si ha llegado el momento de comprar una camiseta nueva, revisa lo que tienes actualmente. Selecciona la que necesita irse, la que tenga más hoyos y conviértela en trapos para limpieza. Compra sólo una para reemplazarla.

La idea es que **no acumules, sino que reemplaces sólo lo que necesites.**

De esta forma vas a mantener la saturación bajo control. Reemplazar aplica para libros, discos, cocina, ropa y casi todo lo que posees.

Respira

La tranquilidad que da de ver tu hogar u oficina sin saturación es maravillosa. Aporta calma y promueve la concentración.

En suma, te permite respirar y descansar de la locura y ruidos externos.

¿Estresado en tu propia casa? Termina hoy con la contaminación visual

En ocasiones, al caminar por la calle, te pones de malas y te presionas. Te sientes agobiado por el tráfico, la gente y el calor de la ciudad.

Al llegar a casa sientes alivio, frescura y tranquilidad. La razón es que tu hogar está decorado como te gusta, como siempre te ha hecho sentir bien. Tu casa contiene aromas familiares, pero también tiene los colores familiares que te dan la bienvenida.
Sin embargo, no siempre esto es verdad. ¿Te has fijado que hay hogares en los que no te sientes cómodo? Entre muchas razones, esto se debe a la saturación visual que existe.

Gracias a años de observación y de vivencia con mi propia familia, me he percatado de que en las culturas latino americanas se nos enseña que debemos tener una cantidad tremenda de decoración y entre más caótica, mejor.

Tan sólo mira la vitrina del comedor de cualquier casa que conozcas. Estos muebles son el un muestrario interminable de adornos que parecen competir entre si por ver cuál de ellos es de peor gusto: copas y vasos de fiestas pasadas, figuras de porcelana de mil estilos distintos, tarjetas de navidad, recuerdos de boda y; el peor de todos, el tétrico niño dios gigante que la mamá siempre viste con disfraz diferente cada año.

Las paredes de las casas no son diferentes a la regla de saturación. Hay adornos *kistch* de interminables tipos: paisajes, cenefas, motivos religiosos, carteles de música, imágenes deportivas, las espantosas caritas de un bebé en distintas poses, mi gran favorito: el tapete de perros jugando poker; y tantos etcéteras que no terminaríamos de describirlos.

Y te estarás preguntando… ¿Qué tiene de malo guardar recuerdos o de decorar las paredes?

Guardar la envoltura de chicle que te dio la Kukis en el kinder y ponerlo en la vitrina del comedor, implica aferrarte al pasado. Cada pieza que guardamos por razones sentimentales, lo que sea, cultiva nuestra obsesión por no soltar lo que ya se fue.

No tiene nada de malo recordar con cariño a las personas, pero el atesorar objetos que con el tiempo pierden el objetivo de mantener viva la memoria, contribuye a que poco a poco tu hogar vaya siendo un museo al mal gusto y a la saturación visual.

Ahora piensa en la decoración de las paredes de tu casa. ¿Puedes nombrar rápidamente todos los adornos que tienes? Te apuesto que no. Esto se debe a que los adornos pierden su calidad decorativa y se funden con el entorno.

Imagina que te encuentras el cartel más hermoso del universo en una tienda y lo compras. Llegas a casa y lo colocas en tu pared. Los primeros 3 días te detienes a mirarlo y piensas "está increíble". Luego de la primera semana ya no lo notas porque se ha fundido con el entorno. De ahí en adelante, sólo contribuye a crear ruido y, aunado a lo demás, crea estrés.

Como diseñador gráfico, he hecho cientos de carteles a lo largo de mi vida y sé que luego de un tiempo, el cartel más perfecto se convierte en un estorbo a la tranquilidad.

Lo que este blog propone es romper con esa saturación. Si tu casa es un lugar para descansar, estar a gusto vivir, al terminar con el exceso de decoración, será aun más el lugar perfecto para la felicidad.

Cómo lograrlo

¿Has visto en la televisión esos programas de re decoración de interiores? Siempre sale una mujer estadounidense quejándose de lo fea que se ve su casa. Llega el decorador experto y en cuestión de minutos, su casa se ve hermosa y limpia.

Si analizas bien estos programas te darás cuenta de algo importante: se deshacen de lo que no es necesario. Una pared saturada que se limpia, de pronto se ve espectacular. Y el único truco es una capa de pintura y tirar el resto de lo que estorba.

Para llegar al punto de entender que el problema de carga visual puede terminar, sólo tenemos que pensar en la regla de oro del Choco Buda: **Menos es más, siempre.**

Así que toma una caja y guarda todo. Lo que se pueda tirar o regalar, adelante. Estoy seguro que no extrañarás el vaso de los XV años de la prima Nepomucena.

Hablando de las paredes, sólo deja una pieza de decoración por muro. Y si puedes no dejar nada, mejor.

Seguro te encontrarás con que los cuadros dejaron su fantasma de mugre en la pared. ¿No crees que es buen momento para pintar de un color fresco?

Este ejercicio te servirá de mucho porque, sin que te des cuenta, te vas a deshacer de objetos y adornos que cumplieron su objetivo hace años. Dirás adiós al objeto, no a la persona.

Piensa que las personas no son una taza o un cuadro. **Las personas son nuestros compañeros de viaje y al llevarlos en el corazón y en la mente, no necesitas un objeto para recordar.**

Te aseguro que tu casa será el mejor lugar de la ciudad para estar.

¡No olvides invitarme!

—

Nota choco budista: El motivo más grande que hay para atesorar objetos decorativos, es el apego. El camino a una vida tranquila comienza al comprender que los apegos de todo tipo son siempre una carga para el corazón y la mente. Practicar el desapego es parte primordial del budismo.

Dejar ir el pasado también es parte de la disciplina de la renunciación. Esto es: saber decir adiós a las cosas a su debido tiempo.

Día sin auto…
¿Qué tal vida sin auto?

Me llama la atención que le hacen mucha publicidad al Día Mundial Sin Auto (22 de septiembre), como si fuera una actividad exclusiva, un sacrificio que hacemos por la Madre Tierra.

El no usar tu auto por un día pretende hacerte sentir bien porque eres uno de los que sí hacen algo por el calentamiento global y toda esa colección de argumentos.

Lo que en realidad necesitamos es promover Una Vida SIN Auto y celebrarla todos los días.

Ya sé lo que estás pensando: Es que lo necesito, es que es por seguridad, es que se ven bonitos, es que soy aficionado a los autos…

Por desgracia en las culturas de Latino América tenemos muy bien identificado el estatus y el clasicismo. Un buen auto te vuelve mejor persona, más poderoso y te permite entrar a mejores círculos sociales. Creo que eso es muy triste.

Te reto a que pienses 5 argumentos honestos y reales por los cuáles tu vida sea más feliz con un auto. Creo que no vas a llegar ni a 3.

Si piensas objetivamente, si eres honesto contigo mismo; a menos que tu trabajo sea repartir bienes, nadie necesita un auto.

Un auto y toda su mercadotecnia te da las siguientes…

Ilusiones de tener auto

- **Seguridad**. Falso. Si pretenden robarte lo harán en tu auto, sin él o en tu casa. Lo más coherente que puedes hacer en cuestión de seguridad es reducir los riesgos. Ya sea por asaltos o accidentes, el auto aumenta el riesgo. Tener auto te vuelve ostentoso porque primero viene el modelo del año, luego el mega sistema de audio, luego el iPod y el GPS. Poco a poco te conviertes en mejor target para el crimen.
- **Estatus**. Falso. Lo que te da éxito en la vida son tus acciones, tus palabras de aliento, que la gente a tu lado sea feliz. El que poseas cosas por estatus te vuelve frío.
- **Tranquilidad**. Falso. El tener auto te da muchas capas extras de estrés. Quizá no te des cuenta al principio, pero con el paso del tiempo se vuelve una carga para la vida. Sólo por mencionar algunas de estas capas de tensión gratuita: impuestos, combustible, reparaciones, permisos, licencias, placas, verificaciones, multas, estacionamiento y pensión.
- **Comodidad**. Falso. Pasar 3 o más horas en el tráfico, ¿te parece cómodo? No lo creo. Tampoco es muy cómodo estar esquivando otros conductores o cuidarte de la policía.
- **Tiempo**. ¿Crees que el auto te hace llegar más rápido a donde vayas? No hay nada más erróneo.

No es que tenga yo algo en contra de la industria automotriz. Al contrario, ha sido determinante para llevar esta civilización hasta donde está, pero creo que es momento de frenarla en beneficio de nosotros mismos.

¿Porqué digo todo esto? Por pura experiencia personal.

Después de 15 años de tener varios autos, un día vendí el último. De pronto mi vida cambió para siempre porque pude ver, con otros ojos, cómo era mi ciudad y su gente. Y a pesar de que viví casi toda mi vida en la Ciudad de México, NUNCA tuve ningún asalto ni fui víctima de algún crimen.

Por el contrario, esa decisión me hizo una persona muy feliz.

Beneficios de vivir sin auto

- **Seguridad**. Como mencioné, jamás tuve ningún tipo de problema al usar transporte público. También reduces MUCHO los riesgos porque no tener auto evita que salgas de noche, no eres ostentoso y como en la selva, la seguridad se da en manada, no en aislamiento.
- **Tranquilidad**. Al no tener auto no erradicas cientos de factores qué micro-administrar. También está el hecho de que no tienes que lidiar con otros conductores. La vida se vuelve muy buena.
- **Tiempo**. Vivir sin auto me regresó a devorar libros, cómics y escuché cientos de podcasts. Me di cuenta que de mi casa al trabajo hacía menos tiempo en transporte público que en auto.
- **Economía**. El no tener auto es como si te subieran el sueldo. En países desarrollados tener auto implica gastar cerca de US$8,000 al año. En México el gasto por tener auto es de aproximadamente $10,000, que se esfuman en el éter. Los gastas sin darte cuenta, pero si ese dinero mejor lo inviertes, al final del año vas a estar muy feliz.
- **Ecología real**. ¿Autos con mejores motores? ¿Combustibles inteligentes? ¿Empresas socialmente responsables? Ninguno de estos argumentos mercadológicos puede vencer a una sencilla verdad: caminar o usar la bici son las actividades más ecológicas que existen.
- **Ejercicio**. Estar sin auto me hizo caminar. Mucho. Y no tengo qué decirte los beneficios que esto trae a tu salud.
- **Conciencia**. Estar encerrado 4 horas al día en un auto te aisla del mundo. No ves lo que hay en la calle, a la gente, no

convives con nadie, no puedes observar las historias que los ojos de los demás cuentan.

Ya sé que me vas a decir que el transporte público apesta, que todos van apretados, que los conductores son como simios, que los hombres ven con lujuria a las mujeres y todo el check list acostumbrado. Sin embargo, son tiempos difíciles para la economía y para la seguridad.

Creo que hay que dejar de lado las pretensiones y pensar en maneras óptimas en las que podamos vivir mejor. El tráfico en las ciudades siempre va a empeorar y no lo contrario. La seguridad igual. El no tener auto aminora riesgos y te devuelve el control de muchos aspectos de tu vida. También te vuelve más puntual porque te obliga a salir con buen tiempo de casa.

Yo pude deshacerme de mi auto hace 3 años y soy muy feliz. Y si yo pude, que soy un tipo normal, sin ninguna especie de cualidad extra a las tuyas, estoy seguro que tú también.

Es cuestión de pensar y actuar.

—

Nota choco budista: Aprender a ver la vida como es, aceptarla sin apegarte a lo material es practicar Aceptación. Esta cualidad del budismo nos enseña a tomar la vida como es.

Pimienta, canela y azúcar. El sabor de la vida

Dime qué comes y te diré quién eres, podría ser la frase más usada por las personas que se inclinan por una buena nutrición.

Siendo la cocina una de mis grandes pasiones, yo haría un corolario que diría: *dime cómo condimentas tu comida y te diré quién eres.*

La relación que tenemos con la comida es enorme. Todas nuestras actividades giran en torno a ella y siempre procuramos hacer una pausa para disfrutar de los alimentos. Existe quien agrega un poco de picante, salsa o pimienta, pero sabemos que podemos agregar un poco más de sabor en caso de ser necesario.

Así como la comida necesita especias para adquirir un mejor sabor, también la vida necesita curry y orégano.

La vida diara es como un plato de pollo cocido. Simplemente está ahí y te lo puedes comer. Cumple su propósito al ser nutritivo, da sentimiento de saciedad y listo. Pero la verdad es que un plato de verduras o carne cocidas no es atractivo y tampoco se va a antojar. Hay que agregarle más ingredientes e invertir tiempo para crear una cacerola que huela rico y sea un platillo sabroso.

Recientemente he notado que muchas personas sufren de vida insípida. No están inspirados, piensan que sus vidas son aburridas y que sólo se levantan para vivir un día más, sin motivación ni recompensa.

Esto es muy triste.

Pero si usas la analogía de las especias en la comida, ¿no es lógico pensar que la vida, por sí misma, necesita condimentos también? Así tus días son alegres y llenos de retos, por más tranquilo que sea tu estilo.

No necesitas ser Lara Croft o James Bond para tener sabor en la vida. Como ejemplo personal, mi vida no está llena de acción y peligro como en las películas. A cambio tengo retos intelectuales y creativos que llevan mi mente al límite.

Lo mejor es que estos aderezos para la vida son gratis. Sólo necesitamos ganas de salir adelante y ser creativos.

Algunas especias para la vida

Sal. Este es el condimento más básico. Es lo que menos cuesta trabajo conseguir y está ahí, gratis. La sal de la vida son las relaciones personales. Están ahí, ayudan a que todo tenga muy buen sabor. Claro que si usamos mucha sal, la vida tendrá un sabor difícil de pasar.

Pimienta. Junto con la sal, siempre podemos encontrar la pimienta. La pimienta es la pasión, lo que más nos gusta. Es un reto intelectual, es escribir un poema, es jugar futbol con los amigos, jugar un juego, contar un chiste, emocionarte con un deporte, es entrenar lo que te hace falta. El ser humano es un crisol de pasiones y todos tenemos al menos una.

Chile. Los sabores picantes son explosivos y siempre nos toman por sorpresa. El chile es la emoción de emprender un negocio, de comenzar un libro, de aprender una nueva receta, de la primera cita, el primer beso, aquella fiesta en la que la pasaste increíble. Sólo hay que tener mucho cuidado con este condimento. Un poco de vez en cuando está bien. Usar demasiado puede provocar malestar y enfermedad.

Orégano. Esta hierba de olor es la alegría del atrevimiento en la cocina. En la vida, el orégano es el leer un poco más esta noche, es quedarte una hora extra trabajando, escribir una página más, correr un poco más, permanecer una hora más tomados de la mano, desafiar a todos cuando tienes la razón (pero de manera amable).

Ajo y cebolla. Estos dos sabores son muy fuertes y casi siempre van juntos. Están ahí para dar un sabor del cual no se puede abusar o su olor impregnará nuestra piel, delatándonos. Ellos siempre están presentes cuando empujamos las cosas un poco más de lo normal, pero sin provocar un accidente. Son como acelerar un poco más en el auto, montar una vuelta más en la montaña rusa, coquetear, desvelarse jugando o leyendo. Son actividades que nos gustan por lo que dejan en nuestra vida, pero no queremos llevarlas al extremo.

Curry. En las culturas asiáticas esta especia es de uso común, pero para nosotros está asociada con lo exótico. Poner curry en nuestra vida es probar o hacer lo que nunca hemos podido. Es comenzar a escribir un libro, ver una película extranjera, entrar por primera vez al gimnasio, conocer a una persona nueva, besar de manera distinta sólo para ver qué se siente, aprender un nuevo idioma. Es estar abiertos a todo lo que es diferente a nosotros.

Canela. La calidez, un buen aroma y un ligero sabor picante, nos lo brinda la canela. Para usar canela en nuestro día, sólo basta con sonreír, escuchar a alguien, llamar a nuestros padres, reir, ser amables, compartir una foto de familia, saludar con sinceridad a nuestros compañeros, siempre tener tiempo para una pausa en el día, leer un libro, ver una película en casa junto a la familia, acariciar a nuestra mascota, recordar a los que ya se fueron. La canela siempre se lleva bien con el azúcar.

Azúcar. La dulzura es lo que adorna nuestras vidas. Es el postre que podemos ofrecer al mundo entero y que no cuesta nada más que un poco de cariño y tiempo. El azúcar de la vida es el amor que nos dan nuestras familias, amigos, la persona que nos saluda en la mañana. Es la risa, la gentileza, la humildad. Es una palmada en el hombro y es tender la mano a quien lo necesite.
Estas son tan sólo algunas analogías entre los condimentos y la vida. Un poco de cada uno hace que tu experiencia sea mucho más rica e interesante.
¿Cómo se relaciona esto con minimalismo? Que cada condimento de la vida cuesta muy poco o es gratis. No necesitas invertir mucho para comprender que la felicidad y el sabor están dentro de ti. Sólo se requiere un poco de creatividad y ganas de hacer las cosas.
Mi lista de condimentos para la vida no está completa. ¿Me ayudas a terminarla?

—

Nota choco budista: Buscar el sabor, el significado de la vida, es una de las misiones más grandes del budismo. Para ello utiliza un conjunto de textos y enseñanzas que se llaman Dharma. Podríamos considerarlo el gabinete de las especias de la vida.

Gracias a..

Los lectores del Choco Buda

Mario Escamilla por ser mi Nazi Proofreader

Julio César Montoya por todo el insight

Centro Budista de la Ciudad de México

www.ingramcontent.com/pod-product-compliance
Ingram Content Group UK Ltd.
Pitfield, Milton Keynes, MK11 3LW, UK
UKHW020234250726
13967UKWH00001B/364

9 780557 737598